JN438175

5.16 혁명

김제방 시집

문학공원 시선 156

5.16 혁명

김제방 시집

대한민국 역사를 보여주는 詩

좀 솔직해지자 입은 삐뚤어졌어도 말은 바로 하라는 말이 있다
5 · 16혁명을 빼고 한국 발전을 이야기할 수 있는가
삼척동자도 알고 있는 것을
통합(統合)은 실천이다
덕담으로만 그치지 말고 행동으로 옮겨야 한다

문학공원

서시

1961년 5월 16일 혁명이 일어났다
깡패소탕에 거리질서가 확립되고
지질이도 못살던 나라에 힘이 솟구쳐
청년일자리가 쏟아져 나오고
활기 넘치는 새로운 세상이 열리면서
'한강의 기적'을 이끌었다
그로부터 57년만인 2018년 기준 우리나라는
30-50클럽에 가입했다
국민소득 3만 달러에 인구 5천만 명인
미국·영국·일본·독일·프랑스·이탈리아에
이어 일곱 번째 강대국이 되었다
꼴찌에서 네 번째로 가난하던 나라 대한민국(大韓民國)
60여 년 전 나의 학창시절 우리자신을 '팽이'
'엽전'이라 자조(自嘲)하면서
회초리를 맞아야 정신을 차린다고 하던 그때가
엊그제 같은데
아직도 회초리를 더 맞아야 할 일은 없는지
반성해야 할 일은 없는지
우리 모두 되돌아 봤으면 하는 생각이다

차례

1부
여기자와 대통령

2부.

역사를 바꾼 촛불

3부.

촛불정부의 위기

4부.

불가사리가 쇠를 먹는다

5부.

불후의 5 · 16혁명

1부.

여기자와 대통령

신년벽두

2019년 황금돼지해 1월 1일 신년벽두에
김정은 북한 국무위원장이 소파 신년사를 통해
도널드 트럼프 미국 대통령에게 대화와 파국 양자택일의 공을 넘겼다
“언제든지 미국 대통령과 마주 앉을 준비가 돼 있다
미국이 자기의 약속을 지키지 않고
우리 인민의 인내심을 오판해
일방적으로 강요하려 들고
제재와 압박에로 나간다면
새로운 길을 모색하지 않을 수 없게 될 수도 있다”고 했다
문재인 대통령은 1월 2일 신년회에서
“기업이 투자하기 좋은 환경을 만드는데도 힘쓰겠다
경제발전도 일자리도 결국은 기업의 투자에서 나온다
기업이 투자에 적극적으로 나설 수 있도록
정부가 지원할 것”이라고 말했다
이날 신년회에는 이재용 삼성전자 부회장
정의선 현대자동차그룹 수석 총괄 부회장
최태원 SK그룹 회장
구광조 LG그룹 회장 등 4대 그룹 총수가 참석했다

북한대사 망명

북한의 조성길(48) 이탈리아 주재 대사대리가
최근 잠적해 서방국가로의 망명을 타진중이라고
외교소식통이 1월 2일 전했다
조성길은 부인 및 자녀들과 함께
이탈리아에서 생활했는데
이를 놓고
그가 북한 내 최고 핵심계층 집안이라 분석했다

김정은의 멋진 편지

도널드 트럼프 미국 대통령은 1월 2일
신년을 맞아 열린 백악관 각료회의에서
김정은 국무위원장이 보낸 친서와
'제재 유지' 포스터를 동시에 내놓고
"방금 김정은으로부터 멋진 편지를 받았다"
"우리는 북한과 많은 진전을 이루고
김 위원장과 우리는 아주 좋은 관계를
수립했고 많은 좋은 일들이 일어나고 있다"고 말했다

공익 제보자

정부의 KT&G 사장 교체 압박
적자국채발행 압력을 폭로한
신재민 전 기획재정부 사무관(5급)이
3일 극단적 선택을 암시하는 문자메시지를 보냈다가
신고를 받고 출동한 경찰에 구조됐다
신재민은 2012년 행정고시에 합격해
2014년부터 공무원으로 일했다
3일 청와대 민간인 사찰 의혹을 제기한 김태우(44) 수사관이
서울 동부지검에 참고인 자격으로 조사를 받기 위해 출석
기자들의 질문에
"공무상 비밀누설은 제가 아니라 박형철 반부패비서관이 했다"고 말했다

임정수립 100주년

2019년은 3·1운동과 임시정부 수립
100주년이 되는 해다
그동안 우리에게 무슨 일이 있었나
1919년 고종
1949년 김구
1979년 박정희 대통령이 타살되었고
2009년 노무현 대통령이 자살함으로써
우리나라는 30년 주기로 불상사가 있었다
참으로 불행한 역사다
그러나 아픈 역사 속에서도
대한민국은 아주 크게 발전하고 있다

주류교체 전쟁

2019년은 어떤 해인가?
국회의원 234명이 박근혜 대통령 탄핵에 찬성하고
헌법재판관 8명이 만장일치로 탄핵을 인용함으로써
보수의 사상·이념·비전·이론·정책이
국민의 동의를 잃게 되었다
매력 있는 인물도 없는 데다가
조직은 사분오열되어
보수가 주류에서 비주류로 전락했다
그 반사이익으로
진보좌파 진영이 결정적 승기를 잡게 되었지만
1년 8개월이 지난 지금
비전도 전략도 리더십도 없어
탄핵연대는 지리멸렬하고 있다
주류교체 전쟁의 승패는
금년이 고비가 될 것이라는 견해다

문 대통령 신년기자회견

문재인 대통령은 1월 10일
신년기자회견에서 올해 국정운영 구상을 밝혔다
종전의 기자회견과 달리
각본 없이 대통령이 즉석에서 질문자를
지명하는 파격적인 기자회견이었다
현 정부의 트레이드마크인
'소득주도성장'
소득주도성장을 지탱하는 핵심 정책인
'최저임금 인상'의 기조가 달라지는
기미가 보이진 않았다
김태우 전 청와대특별감찰반원이 제기한
민간인 사찰의혹에 대해
'그가 행한 행위 때문에 시비가 벌어지는 것'이라
개인일탈로 규정함으로써
김태우 본인은 공포감을 느낀다고 했다
청와대의 권력남용을 주장한 기획재정부
신재민 전 사무관(5급)에 대해선
'정책결정과정을 잘 이해하지 못한 주장'이라고 하는 등
대통령이 수사가이드라인을 제시한 게 아니냐는 논란을 불러
오면서 정의와 평등을 추구하고 타인을
따뜻하게 대하는 게 최대의 장점인

문재인 대통령의 정의는
신재민의 원칙을 품지 못했다는 평가를 받고 있다

김예령 경기방송 여기자가 질문했다
"현 경제정책에 대한 기조를 바꾸지 않고
변화하지 않으려는 이유에 대해 알고 싶다
자신감은 어디에서 나오는 것인지
근거는 무엇인지 단도직입적으로 여쭙겠다"고 하자
대통령의 준비된 답변이 없어
기자회견 분위기가 굳어버렸다
회견이 끝나고 여권은 여기자에게
'예의가 없다'
'공부를 더하라'는 등 비난을 쏟아냈다
원고(原稿) 없는 기자회견의 한계를 드러내놓고
여기자에게 비난의 화살을 퍼붓는
떼거지들의 민낯을 보는 것 같았다

검찰에 불려간 대법원장

2019년 1월 1일 사법농단으로
양승태 전 대법원장이 헌정사상 최초로 검찰에 출석해
40여 가지의 피의자 신분으로 조사를 받았다
그는 '기억나지 않는다, 알지 못한다'며 혐의를
사실상 전면 부인한 것으로 전해졌다
법조계의 원초적 고질 병폐인
유전무죄(有錢無罪) 무전유죄(無錢有罪)
전관예우(前官禮遇)의 적폐청산은 뒷전이고
정치적으로 접근하는 수사해
뭘 그놈이 그놈인 걸…

경향신문 박래용 칼럼

말 타고 껑충껑충 뛰는 영상을 접하면서
최순실 딸 정유라의 이대 부정입학에 분노하던 청년들은
이런 불공정사태가 현정권 들어서도 계속되고 있다고 생각하고 있다
공정경쟁의 기본수칙이 안 지켜질 때 청년들은 분노한다
정권이 바뀌면 모든 것이 해결될 것처럼 믿었지만
현실은 달라진 게 없다
여러 가지 개혁시도는 절벽에 가로막혀 힘을 잃었고
시간이 갈수록 무능한 이미지가 겹쳐지고 있을 뿐
한국당도 싫지만 민주당은 더욱 싫다는 댓글이 달리고 있다
'보수는 철학이 없고, 진보는 정책이 없다'는
말이 왜 나오는가
민주당 토론회에서는 현 상황이 계속되면
야당의 실수 없이는 21대 총선 승리를 기대하기 어려울 뿐 아니라
결국 재집권에 실패해 현 집권세력이
제2의 폐족으로 전락할 것이라 했다

민주당 탈당한 김현철

김영삼 전 대통령의 차남
김현철 '김영삼민주센터' 상임이사(60)가
2019년 1월 14일 더불어민주당 탈당을 선언했다
그의 탈당선언은 부산·경남에서
문재인 대통령과 민주당의 지지율이 하락하는 상황에서
문 대통령에게 보내는 편지 형식의 글을 페이스북에
부족한 저는 현 정부의 정책과
방향에 전혀 도움이 되지 않는다고 판단하고
짧은 민주당 생활을 접고자 한다
"많은 국민들이 애초에 기대한 현 정부의
변화와 개혁이 성공리에 끝나길 진심으로 바란다
더 이상 불행한 대통령들의 악순환을 보고 싶지 않다
부디 사람다운 삶 나라다운 나라가 될 수 있도록
단지 현 정권만의 문제가 아닌 국가의 성패가 달린
절박한 문제로 인식하길 바란다, 고 했다

초미세먼지 재앙

2019년 1월 14일
민심은 온종일 들끓었다
직장인들이 밖으로 나가는 걸 꺼려
구내식당은 붐볐고 인터넷에는
'감옥이 따로 없다'
'인생 최악의 미세먼지의 날'
청와대 국민청원 홈페이지에도 청원이 쇄도했다
3040엄마들이 가장 민감하게 반응한다
이유는 미성년 자녀를 둔 경우가 많기 때문이다
이들은 문재인 정부의 핵심
지지층이기도 하다

청와대 초청 기업인

문재인 대통령이
1월 15일 청와대 영빈관에서 열린
'2019 기업인과의 대화'자리에
이재용 삼성전자 부회장
정의선 현대자동차 수석부회장
최태원 SK회장
구광모 LG회호장 등 4대그룹 총수를 비롯해
대기업·중견기업인 128명의 초청 인사들이
교체된 노영민 비서실장에게 줄을 서
명함을 건네는 광경이 인상적이었다
모두 발언에서 문재인 대통령은
"좋은 일자리 만들기는 우리 경제의 최대 당면 현안"
이라며
"지금까지 잘해 오셨지만 앞으로도 일자리 문제에
특별한 관심을 갖고 고용창출에 앞장서 주실 것을
다시 한 번 당부드린다"고 했다
재계 측의 질의는 주로 규제혁신에 집중
화기애애한 분위기였으나
"친기업 정책을 펼치겠다는 분위기는 읽혔지만
최저임금 인상 등 경제 현안과 관련해
구체적인 얘기는 없었다"고 했다

황교안 한국당 입당

1월 15일 자유한국당에 공식 입당한
황교안 전 국무총리는 기자회견에서
"지난 정부에서 일한 모든 공무원을
적폐로 몰아가는 것에 결코 동의할 수 없다"며
"잘못된 부분과 잘한 부분을 그대로 평가해야지
모든 것을 국정농단 이라고 재단하는 것은
옳은 평가가 아니다"라고 했다
그는 문재인 정부에 대해
"나라 상황이 총체적 난국이다
누구 하나 살 만하다고 하는 사람이 없을 정도로
경제가 어렵다
평화가 왔는데
오히려 안보를 걱정하는 분들이 늘어나고 있다"고
맹공을 퍼부었다

친문 VS 비문

새해 벽두부터 여권 내부 분위기가 심상치 않다
그동안 잠잠하던 더불어민주당 비문재인계 중진들이
당·청의 입장에 다른 목소리를 내기 시작한 것이다
1월 11일 송영길 의원의 '탈원전 재검토'
발언이 파장을 일으킨데 이어
13일엔 3선의 우상호 의원이
"이용호·손금주 의원의 입당을 불허한 근거가
순혈주의 때문인지 우려된다"는 글을 페이스북에 올렸고
15일엔 4선의 박영선 의원이
당내 '순혈주의' 문제를 제기함으로서
'친문 VS 비문' 갈등으로 비춰지고 있다

길 잃은 4강 외교

미·일·중·러 4강 외교가 실종되고 있다
“정부가 북한에만 매몰돼 4강이 복잡하게 얽혀 돌아가는 상황을 못 보고 있다”는 지적이 나왔다
4강국 대사가 모두 대선 때 참여했던
비외교관 출신들로 미국을 제외하면
주재국 언어 구사 능력은 고사하고
외교 전문성이 없는 이들의 주재국에서의
존재감은 미미할 뿐 아니라
외교활동 영역이 좁아졌다는 평가다
우방국 미국은 방위비 분담금 협상
한미동맹과 안보문제 등 정부의 숨통을 죄고 있고
일본과는 과거사 문제로 얽혀
위안부합의재검토 강제징용 피해자
배상판결과 레이더 갈등 등으로 그렇고
중국과 러시아는 언제나 북한과 가까운 나라다

GP초소 철거

2018년 한 해 동안 판문점과 평양에서
3차례의 남북정상회담과 싱가포르에서
첫 북미회담이 성사돼
남북관계에서 획기적인 진전이 있었다
특히 군사 분야의 성과로 DMZ의 GP
즉 비무장지대의 감시초의 철거가 대표적이다
부스럭거리는 소리만 들려도 총을 쏘는
GP초소 11개씩 시범 철거해
아직도 북쪽엔 150여개가 남아 있다
“김정은 위원장의 위장평화공세에 동조
우리의 안보 역량을 훼손하고 있다”는
우려의 소리도 나오고 있는 게 사실이다

뛰는 놈 위에 나는 놈

목포 문화재거리 투기 논란에 휩싸인
손혜원 의원이 더불어민주당을 탈당하는 기자회견에
홍영표 원내대표를 출석시키고
그의 어깨에 손을 올려
손아래 사람 다루듯 해 뒷말이 무성하다
1월 23일에는 손 의원이 목포 현지에서 기자간담회를 열었다
목포 원도심 거리는
주민과 취재진으로 가득 차 발 디딜 틈이 없었다
간담회가 끝나고 시민들은
"우리 마을이 생긴 후 가장 많은 사람이 온 날"
"김대중 대통령 방문 때보다 사람이 더 많네"라는
반응을 보이기도 했다
뛰는 놈 위에 나는 놈이 있다더니…

예타 고삐가 풀렸다

경제성이 떨어져 지지부진하던 지방
대규모 토건사업에 대해 정부가
예비타당성조사(예타)를 면제하기로 했다
정부는 경기도 평택~충북 오송을 잇는 고속철도 복
복선화
김천~거제를 잇는 남부대륙철도
전북 새만금국제공항
7호선 포천까지 연장 등
전국 지방자치단체가 추진하는 대규모
사회간접자본 건설사업에 대해
예타를 면제하기로 했다고 1월 29일 발표했다
예타 면제사업은 4대강 22조원보다 많은
24조1000억원 규모다

평화를 사랑하는 민족

평화를 사랑하는 민족이란 말로
우리의 나약함을 변명하지만
우리는 평화를 사랑하는 민족이 아닐 수 있다
우리끼리 헐뜯으면서 무슨…
이웃나라 중국의 중화사상
일본의 황국사관을 말하지만
우리의 사관은 무엇인가
종속사관·식민사관 시대를 거쳐
해방 후 좌우이념 갈등으로 나라가 분단되었다
남쪽엔 민주주의
북쪽엔 사회주의 체제로
사회주의가 붕괴되는 1980년대에
좌파적 색채가 강하게 나타나는 기현상이
한국을 엄습했다
우리는 그 미망에서
깨어나지 못하고 있다

머슴사관

남과 북
동과 서
강자와 약자
잘사는 사람과 못사는 사람
사분오열돼 양극화를 부채질하면서
약자 편에 서는 저급한 정치풍토가
'머슴사관'을 도출하고 있다
강자를 깎아내리고 약자를 치켜세우는 머슴사관
남의 나라의 역사왜곡을 말하면서
우리 역사의 왜곡은 눈감아버리는 잘못된 역사인식
우리역사를 되돌아 볼 필요가 있다
갈 곳을 찾아서
어디로 가야 하나

2부.

역사를 바꾼 촛불

고려 태평시대 100년

고려 제8대 현종(顯宗:1009~1031)부터
제15대 숙종(肅宗:1095~1105)에 이르는
약 100년을 고려의 태평시대라고 한다
태평시대는 안산김씨 외척시대와
경원이씨 외척시대에 해당한다
안산김씨 외손왕은 덕종·정종·문종으로
제11대 문종에게 경원이씨 이자연은
딸 3명을 왕비로 바쳐 순종·선종·숙종
의천 등 6형제를 낳았다
문종의 셋째아들 의천(義天)은 중이 되어
송나라의 추천으로 송나라에 가 배우고
대각국사에 책봉되었다
의천은 교선일치를 설파하여 교종을
통일하는 한편 원효의 사상에 입각하여
고려불교의 융합을 실현함으로써
한국불교사상 획기적인 업적을 남겼다
1096년 유럽에서는 십자군전쟁이
일어날 즈음의 일이다

묘청의 난

제16대 예종이 승하자
예종의 장인 이자겸은 왕제들을 물리치고
15세의 외손자를 인종으로 옹립하고
이번에는 인종에게 셋째와 넷째 딸까지
왕비로 바쳤다
이자겸(李資謙)은 이자연(李子淵)의 손자로
이자겸은 십팔자(十八字-李)가 임금이
된다는 도참설을 믿고 왕위를 찬탈하려다
실패하고 전라도 영광으로 귀양을 갔다
어느 날 인종은 태조의 훈요십조를 믿고
이를 실행하려 서경(평양)으로 행차했다
인종이 장락궁에 들어가 잠시 쉬고 있을 때
중 묘청(妙淸)과 일관 백수한이 어전에 나와 간청하였다
"전하 서경에 행차하시었으니
관전도량을 여시어
무고하게 죽은 사람들의 원혼을 풀어주시옵소서"
인종은 이들의 말대로 관전도량을 열었다
20을 갓 넘긴 인종은
외조부 겸 장인인 이자겸의 난을 위시해
정권싸움에 휩싸여 불미한 일들을 생각하면서
개경이 싫었다

묘청 등은 서경천도를 주청했다
"개경은 왕업이 다하였고
서경에는 왕기가 뻗치고 있습니다
이곳으로 천도하옵소서
이곳에 상주하시면 금나라 등 36국이 조공하게 되옵니다"
너무도 허황된 말이었다
김부식·임원해·이지적 등의 반대에도 불구하고
대세는 서경천도로 기울었다
백성들의 불평 속에서 대화궁 일부가 준공
1129년 봄 서경에 다시 온 인종은
궁궐에서 신하들의 하례를 받고 있었다
묘청이 앞으로 나와
"대왕 폐하께옵서 정전에 오르실 때
공중에서 풍악소리가 들려 왔사옵니다
이는 새 궁궐에서 영주하옵시라는
하늘의 뜻인가 합니다"
허무맹랑한 소리였다
그들의 허위가 드러나고 불길한 일이 일어나
인종임금도 서경천도를 단념하게 되었다
천도가 좌절되자 1135년 묘청은 서경에서
반란을 일으켰다

무인 경멸풍조

묘청의 난이 일어나자 김부식(金富軾)을
평원수로 임명했다
출정에 앞서
묘청 일파인 백수한·정지상·김안 등의 목을 베고
좌우중 3군을 지휘 연천을 거쳐 안주에 이르는
도중의 성들은 그 기세에 눌려 모두 관군을 환영하고 나왔다
김부식은 특사를 보내 항복할 것을 권했다
그러자 반란주모자의 한 사람은 묘청·유담·유호의 목을 베고
분사대부경 윤첨 등으로 하여금 개경에 가서 죄를 청하도록 했다
그러나 개경에서는 윤첨 등을 옥에 가두었다
이 소식을 들은 조광 등은 생각을 바꿔
반란을 계속해 1년여동안 저항하다가
조광은 가족과 함께 분신자살하고 난은
1년 만에 진압되었다
고려는 묘청의 난 이후 무인(武人)을 더욱
경멸하는 풍조가 생겼다

인종의 역사의식

묘청의 난으로부터 정중부의 난까지
34년간은 반짝하고 찾아온 평화기였다
인종임금은 어려서부터 재예가 있고 음률과 서화에 능했다
인종은 김부식 등에게 고구려·백제·신라의
삼국사기(三國史記)를 편찬토록 명하였다

"경들은 들으시오 지금 학사나 사대부들은
중국의 제자백가의 사서나
진·한의 역대 사서를 읽고
혹 널리 통달하여 자세히 말하고 있으나
우리의 역사에 대해서는 외면하고 있소
이는 심히 개탄할 일이오
황차 신라·고구려·백제가 개국하여
예절로서 중국과 능히 통하는 까닭에
범화의 사서나 송기의 당서에도 모두
열전이 있음을 알고 있는 것이오
그러나 나라(중국) 안 일은 소상하지만
외국의 것은 간략하게 실려 있는 것이 적지 않소
또 고기(古記)에는 문장이 거칠고 잘못되어 있으며
사적들은 없어진 것이어서
임금과 왕후의 선악이며 신하들의 충성되고 간사한 것

국가의 안위와 인민의 다스려지고 어지러지는 것 등은
모두 드러내어 사람들의 선을 권하고
그릇됨을 경계할 수 없게 되었소
마땅히 인재를 얻어 일가의 역사를 잘 이룩하여
이것을 만세에 남겨주어 해나 별같이 밝히도록 하시오"

왕명을 받은 김부식은 고려의 황금시대로
알려진 숙종 때 문과에 급제 안서대도호부의
사록·참군사를 비롯하여 1122년 보문각대제로
있을 예종의 장인 이자겸이 군신의 예의에
벗어나는 방자한 행동을 하자 이를 충고하여 시정케 한 일이 있다
아마도 인종은 이자겸의 난을 경험하고
묘청의 난을 평정한 김부식에게 믿음이 생긴 것은 사실이었다
김부식 등은 3년여 각고 끝에 삼국사기를 편찬하고 임금께 글을 올렸다
50권의 『삼국사기』가 완성된 것은 1145년의 일로
다음 해에 인종이 승하하고 그의 장남 의종(毅宗)이 즉위하고
김부식은 낙랑군개후국에 봉해져
『인종실록』을 편찬하였다

아버지와 아들

묘청의 난을 평정하고 돌아온 김부식은
무관이 아닌 문관이었다
전시에 문관이 총사령관이 되는 것은
무관을 경시하는 악습 때문이었다
김부식은 삼국사기 편찬 후 명성이 더욱 높아졌다
김부식의 아들 김돈중은 문과에 급제
내시로써 임금의 측근에서 일하고 있었는데
아버지의 후광으로 방종(放縱)하고
안하무인(眼下無人)이었다

촛불

어느 날 궁중에서 나례(儺禮)가 있었다

나례는 섣달 그믐날 궁중과 민가에서 귀신을 쫓는 의식이다

순서에 따라 견룡대장 정중부가 종이로 만든 용을 꿈틀거리며 들어서자

인종임금과 태자 그리고 만조백관이 환호했다

30이 넘은 청년무인으로 기골이 장대하고

용모가 뛰어난 정중부는 허연 얼굴에

긴 수염을 쓰다듬으면서 한 바퀴를 돌고

임금에게 국궁재배하고 물러서는 찰라

회오리바람이 불어 촛불이 꺼졌다

정중부의 행동을 아니꼽게 보고 있던

김돈중은 궁녀들이 들고 들어오는 촛불

하나를 빼앗아 정중부의 수염에 들이대자

부지직 소리와 함께 수염이 타버렸다

"어느 놈이냐 고얀 놈!"

"내다 이놈아! 무사란 놈이 수염은 무슨 수염이란 말이냐?"

정중부는 김돈중의 따귀를 후려갈겼다

돈중은 비실비실 쓰러지면서 소리쳤다

"이놈 무관놈이 감히 어전에서 시위하는

문관한테 무엄하게 손찌검을 할 수 있더냐!"

나례가 끝나자 김부식은 어전에 부복하고

정중부를 탄핵하였다
"신 김부식 아뢰옵니다
신의 아들 돈중은 대과 출신으로
폐하의 좌우에서 조석으로 모시고 있는 내시원의 관원
이온데
일개 무부 정중부에게 심한 욕을 당했사옵니다
바라옵건데 무부에게 벌을 내리시옵소서"
"무슨 벌을 내리라는 것이오?
나례 때 있던 일을 어찌 추궁하겠소?"
"아무리 그렇다고는 하나 이것은 무신이
문신을 낮춰보고 한 짓이옵니다
만일 정중부에게 벌하지 않는다면 국가의
기강이 어지러워질 것이옵이다"
인종은 태자에게 눈짓으로
정중부를 데리고 나가라고 했다
불문에 붙이겠다는 뜻으로

정중부의 난

인종이 승하하고
태자 의종(毅宗)이 제18왕으로 즉위하였다
의종 17년인 1162년 몽고에서 칭기즈칸이 태어나던 해
유흥에 빠진 의종은 어느 날
장단 보현원으로 가기 위해 오문(五門)을 나서
오병수박회를 열었다
그동안 무신들에게 소홀히 한 죄책감으로 베풀어진 경기였다
무신들은 활기가 넘쳤다
대장군 이소응은 나이가 60이었으나
청년을 당해낼 자신이 있었고
여진족과의 싸움에서 전과를 올린 명장이기도 하다
그러나 나이는 속일 수가 없어 청년에게
보기 좋게 지고 말았다
이를 본 문신 한뇌는
“이 늙은 장군아 애송이에게 진단 말이냐?
너희들이야 말로 국고를 축내는 좀벌레가 아니더냐?”
하고 빰을 때렸다
왕과 문신들은 손뼉을 치며 파안대소하였다
이 치욕스러운 광경을 본 정중부는 참을 수가 없었다
그러잖아도 김부식의 아들 김돈중에게
수염을 그슬리는 수모를 당하고 절치부심
기회를 노리고 있던 차였다

정중부는 한뇌의 멱살을 잡고 따귀를 때렸다
분위기가 험악했지만 의종 임금은 취기를 이기지 못하였다
"자아, 이제 보현원으로 가자"
보현원까지의 거리는 꽤 멀었다
어가 뒤에는 문신들이 그 뒤에는 정중부가
일거일동을 주시하면서 따라가고 있었다
정중부는 이의방과 이고에게 지시했다
"너희들은 보현원에 거의 당도하거든
윗길로 먼저 가서 문신놈들을 일망타진하라!"
말대로 순식간에 거사는 성공하였다
정중부는 의종을 모시고 궁궐로 들어가
무신들을 한 계급씩 특진시켰다
다음날 의종과 태자를 추방하고
잡혀온 김돈중의 목을 베어었다
새 임금으로 의종의 동생 명종을 옹립했다
1170년의 일이다

무인정치 시대

1170년 정중부의 거사에 공을 세운 사람은
이고와 이의방이었다
이들은 대장군 서열에 올라 명종임금을 배알하고
자기들의 의견을 주청하여
의종의 사재를 하나씩 나눠가졌다
관복댁은 정중부
천동댁은 이의방
과정댁은 이고가 차지하였다
임금의 별장을 차지한 이들은 우쭐했다
이고는 정권을 독차지하고 싶어
법운사의 중 수혜와 개국사의 중 현소를 가담시켜
거사를 모의하다가 비밀이 누설되어
제 목이 먼저 잘렸다
이와는 별도로 김보당이 정중부와 이의방을 제거하고
의종의 복위를 꾀하다 발각되자
정중부는 심복 이의민을 경주로 내려보냈다
이의민은 의종을 연못 앞에 앉히고 술잔을 따르면서
부하를 시켜 이불로 왕을 싸서 큰 가마솥에 넣고
다른 가마솥을 포개 덮어 연못에 던져버렸다
이의방은 정중부만 꺾으면 자기의 세상이 된다고 생각하고
딸을 태자에게 강제로 출가시켜 놓고

날이 갈수록 안하무인이 되어가고 있었다
이를 아니꼽게 생각한 사람 정중부의 아들 정균이
1174년 이의방의 목을 쳤다
정중부의 세력이 막강해지자
청년장군 경대승이 정균과 정중부를 죽였다
1179년의 일이다
경대승은 30세가 되던 1183년 꿈속에서 정중부가 나타나
“이놈 경대승아! 너는 나를 죽였지 너도 한 번 죽어 봐라!” 하면서 칼로 등을 찔렀다
비명소리와 함께 깨어난 경대승은 며칠 후
등창으로 죽고 말았다
이제 정중부와 함께 무인집권에 가담했던 장수들은 거의 다 죽고
이의민(李義旼) 한 사람만이 남았다
경대승이 죽자 명종임금은
이의민을 입조시켜 이부상서의 벼슬을 내리고
판병부사로 삼으니 병권은 이의민의 손으로 넘어갔다

최충헌의 무단정치

이의민의 아들 지순·지영·지광 3형제 중
지순이 가장 영민하여 큰 기대를 하고 있었다
1194년에는 명종이 이의민을 공신으로 봉해 더욱 방자해졌다
그의 가족들도 가관이었다
지영이 최충수의 집비둘기를 잡아가자
이를 항의하는 최충수를 결박해 잡아 가두는 등 행패를 부렸다
최충수는 형 최충헌을 찾아갔다
최충헌은 동생 충수와 함께 군사를 모아
미타산에 있는 별장을 습격 이의민을 죽여
저자거리에 효수하고 명종을 움직여
이의민의 삼족과 일당을 모두 잡아 죽였다
최충헌은 명종에게 10조목의 봉사를 올려
폐정의 시정과 함께 임금의 반성을 촉구했다
당시의 시폐를 적절히 나타낸 이런 식견은
정중부·이의방·경대승·이의민 등에서는
찾아볼 수 없는 일이었다
그가 군웅을 물리치고 오랫동안 정권을
장악할 수 있었던 것도
이런 장점을 지녔기에 가능했다
그러나 명종은 그가 세운 임금이 아니므로

명종을 폐하고 신종(神宗:1197~1204)을 옹립하였으니
그가 고려 제20대 왕이다
아우 최충수가 임금에게 강요하여
자기 딸을 태자비로 삼자
최충헌과 무력충돌로 이어져 최충수는
살해되었고 대권은 최충헌 혼자서 독점했다

1198년 5월 종살이하던 만적·소삼·성복 등이
주동이 되어 개성 북산에서 나무를 하다가
공사의 노예들을 모아놓고 거사를 모의했다
만적이 일어나 일장 연설을 했다

"우리나라는 정중부가 나라를 뒤집은 후
대신들과 장군들이 천한 집안에서 나왔다
옛날의 명문가들은 거의 씨가 말랐다
왕후장상이 어찌 씨가 있겠느냐?
우리도 일어날 수 있다"
"오는 17일 이곳에서 다시 모여 궁전으로
들어가 궁노들과 합세하여 대신·장군들을 죽이고
한 패는 성중으로 나아가 최충헌을 죽인다
각자 집으로 돌아가 주인을 죽여 없애고
종문서는 불질러버려라"

그러나 막상 5월 17일이 되었지만
절반밖에 모이지 않았다
그러는 동안 한충유의 종 순정이 주인에게 이를 밀고해
만적을 비롯 100여명의 노예들이 모두 잡혀가
임진강물에 수장되었다
이를 만적의 난이라고 한다
세상이 어지러워지자
최충헌은 군졸을 뽑아 호위케 하는 등
전전긍긍하는 가운데
1204년 신종이 병석에 눕자 태자
희종(熙宗)에게 양위하고 평온을 되찾았다

1204년 몽고의 칭기즈칸은 몽고의 전부족을 통일하고
1206년 오노강변에서 즉위식을 올려
칭기즈칸 칭호를 받았다
몽고는 이제 하나의 커다란 제국을 이뤘다
45세의 칭기즈칸은 그들의 황제가 되었다
칭기즈칸은 군대의 꽃이라고 불리는
기마대를 중심으로 병력을 증강하여 원정을 떠났다

최충헌의 죽음

최충헌의 생질 박진재는
작은 외숙 최충수를 죽이는데 공을 세우고
대장군이 되어 권세가 막강하자 문객이 몰려들었다
이게 못마땅한 최충헌
외숙이 박진재를 경계한다는 소문이 돌자
그는 최충헌 제거계획을 세우다가 발각돼 잡혀가
다리근육이 잘리고 유배지에서 죽었다
희종 임금은 최충헌이 무서웠다
희종은 최충헌을 죽이려다가 실패하고
강화도로 쫓겨 가는 신세가 되었다
최충헌은 명종의 아들 강종을 옹립했으나
2년 만에 타계하고 22세의 태자를 옹립했으니
그가 파란만장한 제23대 고종(高宗·1213~1259)이다
최충헌은 칭기즈칸이 중앙아시아로 원정을 떠나던
1219년 71세로 세상을 뜨고 아들 최우가 집권하였다

강화도 천도

칭기즈칸의 몽고군은 금나라를 치고
1219년 새로 일어난 거란족을 쫓아 고려에 쳐들왔다
여몽의 교섭이 시작되어
1225년 고려에 다녀가던 사신 저고여가
압록강을 건너다가 도적에게 피살된 사건으로
몽고는 고려를 의심하고 절교를 하였다
1227년 칭기즈칸이 사망하고
그의 아들 오고타이가 제2대황제 태종이 되었다
태종은 1231년 살례탑을 보내 고려를 침입했다
고려는 막대한 배상과 조공을 약속하고
몽고군은 행정감독요원 다루가치 72명과
약간의 수비병을 주둔시키고 철수했다
고려는 무력에 굴복하고 강화는 했지만
몽고의 내정간섭과 무력압박에 시달리게 되자
조정은 대책을 논의하고
1232년 강화도로 천도하였다

이통의 난

최우의 강권으로 도읍을 강화로 옮기며
고종은 마지못해 따라나섰다
당시 개경의 호구수는 10만호로 포고령이 내려졌다
"이주를 망설이는 자는 군법으로 처단한다
8도의 백성들은 산성·섬으로 피난하라!"
7월 장마철이라 고종과 궁녀들은
진흙구덩이를 걸어가고 있었다
"저들만 가면 백성들은 어떻게 하누?"
"그러니까 미치광이 왕조지 백성 없는 나라가 어디 있다구!"
때를 만난 건 도둑떼였다
왕궁은 도둑의 소굴이 되었다
도둑 이통은 용상에 앉아
"짐이 부덕하여 나라꼴이 이 모양이 됐노라!"
이 통의 부하들은 천여 명으로 늘어나
버리고 간 무기로 관군을 격퇴시키니
며칠 뒤 관군이 개경으로 쳐들어와
궁녀차림의 계집을 끼고 누었던 이통을 잡아 죽였다
이통의 난은 이렇게 끝났다

팔만대장경

고려의 군신들은 강화도에 칩거하여
몽고병이 바다를 건너지 못할 것이란 생각으로
나라와 백성들은 어떻게 되든 안이한 생각에 빠져
팔만대장경(八萬大藏經)을 만들었다
대장경을 만들어 놓으면 불력으로
몽고병들이 물러갈 것이라고 믿었다
팔만대장경은 해인사에 보관돼 있다
그 국보(國寶)도 알고 보면 부끄러운 유산이지만
우리는 그것을 자랑이라 여기고 있다

몽고는 강화도 천도가 몽고에 대한
적의 표시로 생각하고 계속 침입해 왔다
1231년 1차 침입
1232년 2차 침입
1235년 3차 침입
1247년 4차 침입으로 한반도 방방곡곡을 짓밟고
약탈과 방화 그리고 학살 등으로
강화도에서 나올 것을 촉구했다
아시대륙과 유럽을 석권한 몽고군과는
상대가 안 되는 전쟁이었다
몽고는 고종의 출육과 입조를 요구했다
1249년 출육을 강력하게 반대하던 최우가 죽었다

개경으로 환도하면 침략을 중지하겠다는
몽고사신의 말을 듣고 기뻐하던 고종
그러나 최우의 아들 최항이 집권하면서
반대파와 아버지와 친근했던 자를 포함해
계모까지 죽이고 출육을 반대하다가
1257년 최항이 죽으면서
그의 아들 최의가 집권하고 신구세력의 암투가 시작됐다
결국 1258년 임연(林衍)의 칼을 맞고 쓰러진
최의를 마지막으로
최씨 4대(최충헌·최우·최항·최의)의
무신독재가 61년 만에 그 막을 내리게 됐다

파란만장한 고종

1232년 강화로 들어와 27년 동안
몽고에 잡혀간 사람만도 20만이 넘었고
죽은 자와 불에 탄 재산 피해는 파악할 수도 없었다
1258년 3월 최의를 죽이고
이제 최씨정권이 무너지고 왕권이 회복되었다
장군 박희실·조문수·박천식 등을
몽고의 장군 차라대의 진영으로 보내
"그동안 권신의 발호로 황제의 명을 거역한지 여러 해가 되었습니다
이제 권신 최의를 죽이고 입조코자 합니다"
라고 하자 차라대는 기뻐하며
"태자가 입조한다면 4월초에 돌아갑니다"
태자는 4월 고종의 글을 받들고 몽고로 입조했다
그 사이 고종임금은 68세로 파란만장한 일생을 끝냈다

제24대 원종

고려에서 부왕 고종이 승하했다는 소식에
쿠빌라이는 즉시 태자를 귀국토록 하고
태자를 고려국왕 원종(元宗)으로 하여
다루가치에게 호행토록 하였다
1259년 원종은 1년 만에 귀국해
개경으로 들어가니 몽고군에 유림당한
고려천지는 너무나 황량했다
1260년 쿠빌라이는 몽고제국 제5대 황제가 되었고
1271년에는 국호를 원(元)으로 고쳐
원나라의 초대황제 세조가 되었다

그러나 게르만족이 서로마를 멸망시키고
로마문화에 흡수된 것처럼 몽고도
중국문화에 빠져 들어가고 있었다
쿠빌라이 때 몽고제국을
원조(元朝) 킵차크한국(汗國) 일한국 차카타이한국
오고타이한국 등 5개국으로 분리했다

원종은 몽고의 출육환도 압력에도 강신들의
반대로 개경으로 돌아오지 못하고 있었다
이 질책을 무마하기 위해 태자 거(昛)를
원나라에 파견하였다

최의를 죽인 공신들의 죽고 죽이는 혼란을
못마땅하게 생각한 원종이 임연을 경계하자
임연은 1269년 삼별초를 동원하여
무력으로 원종을 폐위시켰다
그리고 원종의 동생 안경공을 왕으로
추대하자 원나라에 가 있던 태자가 부왕의
폐위소식을 쿠빌라이에게 보고하니
군대를 보내 위협했다
이에 굴복한 임연은 원종을 복위시켰다
이제 남은 일은 몽고의 요구대로
개경으로 환도하는 것이었다

개경 환도

개경환도는 찬반양론으로 팽팽하였다
원종을 중심으로 문신들은 개경환도를 희망하였지만
삼별초의 무신들은 몽고에 대한 굴복이라 하여 반대했다
중신회의에서 개경환도를 결의하고
원종은 1270년 5월 27일 환도를 강행하였다
29일에는 환도에 불응한 삼별초군의 해체를 통고하고
명부를 압수하니 단죄하려는 것으로 안 삼별초군은
6월 1일 반란을 일으켰다

삼별초의 난

삼별초란 최씨 독재시대의 사병으로
처음엔 도둑을 막기 위한 야별초로 했다가
좌별초·우별초로 나뉘었다
여기에 몽고전의 포로가 귀환해 조직한
신의대(神義隊)를 합쳐 삼별초가 됐다
삼별초 반란군의 주동자 배중손은
왕족 승화후 온(溫)을 왕으로 추대하고 관리를 임명하였다
그러나 민심이 그를 따라주지 않았다
배중손은 선박 1천여 척에 물자와 추종자들을 싣고
전라도 진도로 내려가 궁궐을 세우고
해상왕국을 건설했다
관군과 몽고연합군이
이를 분쇄하자 김정통 등이 남은 무리를 이끌고
제주도에 들어가 항거하다가 1273년에 평정되었다
이 사건을 계기로 몽고의 세력이 급진적으로 고려에 침투해와
고려의 정치적 자주성을 빼앗으면서
국혼(國婚)을 강요하였다
몽고의 공주와 고려 태자의 혼인이다

몽고의 사위 충렬왕

첫 번째로 원나라에 불려가
쿠빌라이의 딸이자 칭기즈칸의 증손녀인
제국대장공주와 결혼한 사람이 태자 거(昛)였다
태자의 나이 39세 공주의 나이는 16세로
태자에게는 결혼한 정화공주가 있었다
원나라에서 결혼하던 해인 1274년
원종이 승하하고 서둘러 귀국해 왕이 된
태자가 제25대 충렬왕(忠烈王)이다
원종의 국상이 끝나고 제국대장공주가
온다는 소식이 전해지자 충렬왕은 멀리
동구 밖까지 마중 나가 공주를 얼싸 안았다
왕비의 자리를 빼앗긴 정화공주는
눈물로 세월을 보내야 했다

가미카제(神風)

원나라 황제 쿠빌라이는
여몽연합군을 징발하여 일본 침략을 준비하고
1274년 10월 3일 3만3천을 태운 900척의 배가
마산항을 출발했다
일본으로 향해 19일 구주 하카다만에
육박 20일에는 상륙을 시도했다
일본군은 쇼니를 대장으로 분전했지만
몽고군을 당해낼 수가 없었으나
날이 어두워지자 몽고군은 공격을 중지
군선으로 철수했다
그런데 갑자기 태풍이 불어와 밤사이
모두 파괴되고 시체만 떠다녔다
일본이 말하는 가미카제(神風)이라는 것이 그것이다
1차 정벌에 실패한 쿠빌라이는 사신을 일본에 보냈으나
일본의 집권자 도키무네는 원나라 사신을 죽여버렸다
이때 제국대장공주가 왕자를 낳았다
아버지 충렬왕은 40세 제국공주는 17세
외조부 쿠빌라이는 61세였다

혼혈 충선왕

일연(一然)이 삼국유사를 쓰고
안향(安珦)은 충렬왕을 모시고 원에 들어갔다가
주자학을 들여올 즈음이다
충렬왕은
1297년 왕비 제국대장공주가 39세로
세상을 뜨자 정치에 싫증을 느꼈다
제국대장공주는
3년 전 친정아버지인 원(元)의 초대
황제 세조 쿠빌라이가 세상을 뜨면서
부왕을 그리며 적막감을 느꼈다
전년에는 자기의 소생 충선이 계국공주를
정비로 맞아 북경에서 혼사를 치루고
귀국해 앓다가 세상을 뜨고 말았다

어머니가 죽은 것은 투기하는 자들의
소치라 생각한 충선은 부왕의 총애를
받던 사람들을 죽이는 등 과격한 행동을 했다
그렇지 않아도 정치에 흥미를 잃은
충렬왕은 충선에게 왕위 이양의 뜻을 원나라에 전했다
제26대왕이 된 충선왕(忠宣王)은
조인규의 딸 조비를 편애하면서 몽고여인
계국공주와의 사이가 벌어졌다

계국공주는 충선왕이 원나라에 불복하고
부왕에게도 불효하는 자이니
잡아다가 문죄하라는 밀서를 원나라에 보냈다
원나라에서는 단사관을 파견하여

충선왕을 폐하고 충렬왕에게 넘겨주었다
계국공주는 시아버지 충렬왕을 맞아 정성껏 모셨지만
남편 충선은 몽고여자를 얻어 아들(충숙왕)까지 낳았다
1307년 원나라의 황제 성종이 사망했다
이때 충선은 새로운 황제 무종을 세우는데
공을 세우고 고려의 실권을 회복하였다
아들 충선에게 세력을 빼앗긴 충렬왕은
1308년 세상을 떴다
충선은 곧 귀국해 왕위에 올랐지만
고려에 머무르지 않고 북경으로 들어가
전지를 통해 국정을 행하다가
1313년 아들 충숙왕에게 양위하였다

고려 말 못하는 충숙왕

충숙왕(忠肅王)은 고려 말을 못했다
몽고 여인 소생으로 북경에서 자랐기 때문이다
왕위에 오른 지 3년 만에
북경으로 들어가 복국공주와 결혼였다
북국공주는 매우 영리해 어린 왕을 보호하는 형편이었지만
충숙왕은 궁녀출신의 덕비 홍씨와 세자를 낳고 갈등이 생겼다
지쳐버린 충숙왕은 1330년 아들 충혜왕에게 양위하였으나
2년 후 충혜왕을 사랑하던 원나라의 연티무르 승상이 죽으면서
그 자리에 아버지 충숙왕이 다시 앉게 되었다

충숙왕 4년인 1335년에
조선을 건국한 이성계(李成桂)가 탄생했다

충숙왕은 원나라 왕실에서 경화공주를
세 번째 비로 맞이하였으나 46세로 죽었다
아버지 충숙왕의 뒤를 이어 다시 왕이 된
충혜왕은 때때로 경화공주를 찾공 했다
경화공주의 미색에 도취해서였다

어느 날인가 술상을 물리고
늑대처럼 덤벼들어 공주는 속수무책으로 당하고 말았다
계모 경화공주는 정승 조적을 불러
"지금 왕은 패륜아요 없애버리도록 하오"
충혜왕도 그 기미를 알아차렸다
조적이 천여 명의 군사를 이끌고 궁궐을 습격해 오자
왕은 화살을 맞고도 쫓아가 조적을 죽였다
경화공주는 원나라에 알렸다
원나라에서는 단사관을 보내 충혜왕을 잡아갔으나
원나라의 사정도 말이 아니었다
몽고지배층의 분열과 함께
몽고황제의 지위와 통치력은 약화되고 있었고
원나라 마지막황제 순제(順帝)는 연
회와 환락에 빠져 정치를 돌보지 않았다
이런 틈을 타 충혜왕은 무사히 돌아와
마음 놓고 유흥에 빠져들었다
충혜왕은 결국 1344년 원나라에 다시 잡혀
남으로 귀양 가던 중 귀신도 모르게 30세의 나이로 죽었다
8세의 아들이 충목왕(忠穆王)이 되었다

충목왕·충정왕·공민왕

충목왕은 어머니 덕녕공주가 섭정하였다
덕녕공주는 원나라 영서 무정왕의 딸로
고려의 정치가 그녀의 손에 들어가자
간신배들이 활개를 쳤다
충목왕은 무슨 이유에서인지 12세에 죽고
충혜왕의 서자 충정왕(忠定王)이 12세로 즉위했다

충혜왕의 동생 홍릉대군은 12세에 원나라에 들어가
위왕의 딸 노국공주와 결혼하였다
마지막황제 순제(順帝)의 지시로 충정왕을 폐하고
홍릉대군이 제31대왕 공민왕(恭愍王)으로 등극했다

22세의 공민왕이 즉위하던 1351년을 기준
당시 주요인물의 나이를 살펴보면
이제현 65세 · 최영 36 · 무학대사 25 · 문익점 23
이성계 17 · 이색 24 · 정몽주 15 · 이숭인 3
그리고 태종 이방원은 태어나기 17년 전이다

홍건적의 침입

고려 제31대 공민왕(1351~1374)의
시대는 고려말기로 중국대륙에서 원(元)이 망하고
명(明)나라가 건국됐다
이때 유럽에서는 공포의 흑사병으로
유럽 인구의 3분의 1이 감소하였다
공민왕은 원에 대해 호의적이지 않았다
원에 다녀온 최영과 유탁의 보고를 받고
쇠약해질 기미를 알게 된 공민왕은
변발·호복 등 몽고의 풍습을 폐지하고
100년 가까이 내정 간섭하던 쌍성총관부를 없애고
빼앗겼던 영토를 복구하는 등 선정을 베풀었다
그러나 1360년 홍건적이 침입하고
왜구도 쳐들어와서 나라의 우환이 들끓기 시작했다
1359년 겨울 4만의 홍건적이 압록강을 건너 평양을 점령하였고
1361년에는 10만의 홍건적이 압록강을 건너 개성에 육박하면서
공민왕은 남쪽으로 피난했다
경상도 안동에 닿은 공민왕은 정세운으로
총병관을 삼아 홍건적을 토벌케 하여
1362년 개경을 수복하였다

개경을 수복할 때 동북면 상만호로 있던
28세의 이성계는 친병 2천을 이끌고
선봉에서 공을 세워 명성을 날리기 시작했다

이로써 2회에 걸친 홍건적의 난은 끝났지만
이로 인해 고려는 막대한 타격을 입고
고려왕조 멸망의 길을 걷게 되었었다
그 후 고려에는 내부갈등이 심해 1363년
안동에서 돌아와 흥왕사 행궁에 있을 때
김용은 왕을 죽이려고 부하들을 시켜
흥왕사를 습격했다
이때 환관 안도치는
환관 이강달로 하여금 왕을 업고 창문으로 피신케 하고
자신은 대명횡사 했다
1365년 2월 왕비 노국공주가 난산 끝에 죽자
공민왕은 실성하여 정사를 돌보지 아니하고
정치를 괴승 신돈(辛旽)에게 맡겼다
신돈의 전횡으로
고려는 더욱 혼돈으로 빠져 들어가고 있었다

공민왕의 최후

1368년 41세의 주원장이
명나라를 건국하고 태조가 되었다
이때 이성계의 나이는 34세였고
이방원은 1367년생이다
어느 날 공민왕은 신돈의 처소에 나가
신돈의 첩 반야와 동침한 일이 있다
1364년 반야가 우왕(禑王)을 낳았으나
아버지가 신돈인지 공민왕인지 모른다
1370년 원나라의 마지막 황제 순제가 사망하고
고려인 기황후 소생인 황태자가 제위에 오르니
그가 북원의 소종(昭宗)이다

1371년에 괴승 신돈을 처형한 후부터
심경의 변화를 일으킨 공민왕은
여자를 병적일 만큼 멀리하였다
1372년에는 궁중에 자제위(子弟衛)란 것을 만들어
미소년을 뽑아 왕의 좌우에 시종들게 하였으니
홍윤·한안·홍관 등 미소년이 여기에 소속되어
왕의 총애를 받았다
그러나 후사는 있어야 한다
공민왕 역시 후사의 필요성은 인정하고
무슨 좋은 수가 없을까 궁리하던 끝에

'옳지'하고 손뼉을 쳤다
그리고 홍윤과 한안 등 미소년들을 불렀다
"홍윤과 한안·홍관은 나를 따르라!"
왕은 이들을 데리고 정비 안씨 처소로 향했다
그동안 한 번도 찾아주지 않던 임금인지라
버선발로 뛰어가 맞아들였다 그러나
기뻐할 사이도 없이 왕명이 떨어졌다
"후사를 얻기 위함이니 이 소년들과 정을 통하도록 하시오!"
정비 안씨는 혼비백산했다
왕은 나머지 소년들을 데리고 혜비이씨와
신비염씨 두 왕비 처소에 들여보냈다
결과는 무두 실패하였다
"괘씸한 것들 왕명을 어기다니"
씩씩거리던 왕은 마지막 수단으로
익비왕씨 처소에 들러 왕의 뜻을 전했으나
이 역시 완강하게 거절하였다
왕은 시퍼런 칼을 뽑아들었다 그리고
"끝내 듣지 않는다면 네 목을 치리라!"
익비는 오들오들 떨면서 분부대로 하겠다고
하고는 엎드려 울고 있었다
왕은 미덥지가 않았다

"내가 보는 앞에서 시키는 대로 하라!"
그 자리에서 홍윤을 시켜 익비와 정을 통하게 하였다
다음날은 한안을 그 다음날은 권진을 들여보냈으니
이제 왕의 뜻은 이뤄진 셈이다
하루속히 태기가 있기만을 기다렸다

어느 날 내시 최만생이 아뢰었다
"익비 왕씨께서 태기가 있으셔서
5개월이 되었다고 하옵니다"
"무엇이 태기가? 다섯 달이나?" 기뻐하며
"그래 상대가 누구라고 하더냐?
"익비께서 말씀하시기를 홍윤이라…"
왕의 입가에는 싸늘한 살기가 돋았다
"익비는 아이를 낳아야 하니까 우선 홍윤은 없애야 지…"
어리석은 최만생은
"그렇사옵니다 비밀이 누설되면 아니 되옵니다"
우둔하기는 공민왕도 마찬가지였다
"죽는 것은 홍윤 한 사람이 아니다"
"그럼 누가 또 있사옵니까"
"네다 바로 너야!"
하고는 실성한 사람처럼 한바탕 웃었다

최만생은 허둥지둥 홍윤에게로 달려갔다
“큰일났소 이제는 다 죽었소”
최만생은 홍윤의 손을 잡고 통곡하였다
자상한 이야기를 듣고 난 홍윤은
“임금이 신하를 배반할 바에야 신하도
임금을 배반하는 게 마땅하지 않겠소?
기회는 오늘밤 밖에는 없소!”
그날 밤 공민왕 침전에는 두 그림자가 숨어들었다
그림자 하나가 비수를 뽑아들고 공민왕의 목을 내리치고
가슴과 머리를 난도질했다
검은 두 그림자는 속삭였다
“끽소리 못하고 죽었어!”
1374년 45세의 공민왕은 이렇듯 허망하게 죽고
허수아비 우왕·창왕·공양왕을 거쳐
고려는 34대왕 475년 만에 소멸하고
이성계가 1392년 7월 17일 태조가 되어
국호를 조선(朝鮮)이라 하였다

3부.

촛불정부의 위기

황교안 정치

황교안 전 국무총리(62)는 1월 29일
“무덤에 있어야할 ‘386운동권’ 철학이
21세기 대한민국의 국정을 좌우하고 있다”며
자유한국당 2월 27일 전당대회에 때
대표 출마를 공식 선언했다
이날 발표된 리얼리티의 차기 대선주자 선호도 조사에서
황교안 전 총리는 17.1%를 기록
이낙연 총리 15.3%를 제치고
처음으로 1위에 올랐다

김경수 법정구속

김경수(52) 경남도지사가 댓글 조작의
공범혐의로 1월 30일 유죄선고를 받고 법정구속됐다
2017년 대선 선거운동 과정에서
'드루킹' 김동원(50) 일당과 공모해
네이버 등 포털사이트의 댓글을 조작한
혐의에 대해 서울중앙지법 형사32부
(부장 성창호·46)는 댓글조작 등
업무방해 혐의로 기소된 김 지사에게
징역 2년의 실형을 선고 법정구속했다
이날 오전 재판부는 드루킹에 대해 3년6월을 선고했다
야권에서는 김 지사의 지사직 사퇴와
문재인 대통령의 입장 표명을 요구해
정치적 파장이 일고 있다

대한민국 수호 예비역 장성단

전직 국방부장관 9명이 포함된
예비역 장성단체인
'대한민국수호예비역장성단'
이하 '대수장'이 2019년 1월 30일 출범했다
정식회원은 450여명으로
프레스센터에서 출범식을 열고
문재인 정부가 헌법의 의무를 저버리고
대한민국 파괴행위로 나아간다면
국민이 갖고 있는 헌법상 모든 권리 방법을 동원하겠다며
지난 해 나온 9·19남북군사합의서는 파기돼야 한다고 주장했다
'대수장'의 공동대표로는 김동신·권영해
김태영 전 국방장관 3명과
이필섭 전 합참의장 등 9명이 선출됐다
고문에는 백선엽 예비역 대장
이종구 전 국방장관 등이 추대됐다

문 대통령이 해명하라

김경수 경남지사의 유죄판결·법정구속에
자유한국당 등 야권은
"지난 대선 과정에 부정과 불법이 있었다는 게 입증됐다"며
문재인 정부 출범의 정당성을 겨냥한 총공세에 나섰다
더불어민주당은
"사법신뢰를 무너뜨리는 최악의 판결"
"양승태 구속에 대한 보복성 판결"이라 강력 반발한다
경향신문 사설은 문 대통령과 민주당은
댓글조작의 '수혜자'로 지목된 이상
분명한 입장을 밝히고
책임있는 조치를 취할 필요가 있다고 했다
민주당은 2016년 홍준표 경남지사가 1심 유죄를 받을 때
"지사직 즉각 사퇴"를 요구한 그 주장이
김경수 지사에게 바로 되돌아왔다고도 했다

문재인 대통령

한일국교정상화의 길을 튼
JP 빈소엔 아니 가고
한일외교 갈등의 소녀상 영정 앞에
넙죽 엎드려 큰절하는 우리 대통령
사방팔방 막힌 한일관계 답답한 심정을
누가 헤아려 줄 수 있을까

청와대 달려간 한국당

더불어민주당 홍영표 원내대표는
2019년 1월 31일 정책조정회의에서
"사법부 요직을 장악하고 있는
양승태 적폐사단이 조직적 저항을 벌이고 있다"
"김경수 지사에 대한 1심판결도 그 연장선에서 봐야 한다"고
판결 불복을 선언했다
자유한국당은 31일 김경수 경남지사 법정구속을 계기로
문재인 대통령의 입장 표명을 요구하며
청와대 앞에서 시위성 의원총회를 열었다

촛불정부 위기론

집권 3년차인 여권에 대형 악재가 꼬리를 물자
범진보 일각에서
'진보정부 위기론'이 나오고 있다
"과거 국정농단 세력의 부활이 우려되는 상황"이라는 말도 나온다
더불어민주당 한 의원은
"흐름이 좋지 않다
흐름을 차단해 반전하지 않으면 데미지가 클 것"
"문재인 정부의 분기점이 될 수도 있다"고 했다
민주평화당 박지원 의원은
"진보개혁세력의 붕괴를 지적할 수밖에 없다"며
"사태의 심각함을 대통령께서 아셔야 한다"고 했다

내로남불

상대편
박근혜·이명박 전 대통령 구속하고
양승태 전 대법원장까지 구속한 사람들이
내편 한 사람
김경수 경남도지사 법정구속했다고
나라가 뒤집힐 듯 야단법석을 떤다
이런 걸 후안무치(厚顔無恥)라 해야 하는지
아니 내로남불이라고 해야 하는지
모르겠다

침묵하는 청와대

김경수 법정구속에 대해 청와대는
“입장표명이 없는 게 메시지”라는 해석이 나왔다
청와대의 침묵 자체가 법원판결에 대한
강한 유감표명이란 것이다
청와대가 판결에 당혹해하면서도
입장표명을 자제하는 것은
그동안 문 대통령이 사법독립을 강조해온 점과도 무관치 않다
특히 김 지사가 문 대통령의 최측근이기 때문에
어떤 발언도 정치적으로 해석될 소지가 크다는 것이다
청와대 관계자는
“문 대통령은 평소 김 지사에 대해
‘눈에 넣어도 아프지 않다’고 말할 정도로 아껴왔다”며
“이런 상황에서 판결에 대해 언급할 경우
그 자체가 정쟁의 소재가 되지 않겠느냐”고 말했다

곤혹스런 대법원장

김명수 대법원장은
김경수 경남지사 법정구속에 대해
이틀이나 침묵하다 2월 1일 입을 열었다
“판결의 내용이나 결과에 관해서
국민들께서 비판을 하는 것은 허용돼야 하고
바람직할 수도 있지만
그것이 도를 넘어서 표현이 과도하다거나
혹은 재판을 한 개인의 법관에 대한 공격으로 나아가는 것은
법상 보장된 재판 독립의 원칙이나
혹은 법치주의 원리에 비춰 적절하지 않다고 생각한다”고 말했다
이에 대해 김 대법원장은 민주당이
연일 “양승태 적폐사단의 보복판결”이라며
‘재판 불복’ ‘법관 탄핵’ 공격 수위를 높이자
마지못해 반응한 것이란 비판이 나오고 있다

안희정 법정구속

수행비서에 대한 성폭력 혐의로
재판에 넘겨진 안희정(54) 전 충남지사
항소심에서 징역 3년6월을 선고받고 법정구속됐다
무죄였던 1심판결이 뒤집혀진 것이다
2월 1일 서울고법 형사12부(재판장홍동기 부장판사)는
안 전 지사의 10개 혐의 중 9개를 유죄로 판단하고
이같이 선고했다
재판부는 안 전 지사가 현직 도지사이자
유력한 차기 대권주자로서의 '위력'으로
피해자와 성관계를 했다고 판단했다

한국당의 부상

한국당의 지지율이 쑥쑥 오르고 있다
난공불락 같은 여권이
내부로부터 흔들리면서부터다
청와대 민정수석실 특별감찰반 민간인 사찰논란
신재민 전 기획재정부 사무관의 폭로에다가
손혜원 의원의 목포 부동산 매입
서영교 의원의 재판청탁 혐의,
김현철 청와대 경제보좌관의 '아세안 발언'
김경수 경남도지사의 댓글조작 공모 관련 법정구속,
안희정 전 충남도지사의 여비서 성폭행 유죄 선고와 법정구속 등
하나의 파도에 휩쓸려 정신이 없는 사이
다음 파도, 그 다음 파도가 연달아 몰아치는 형국이다
누군가가 정교하게 시차를 맞춰
민주당에 폭탄을 던지는 것 같다고 했다
이해찬 민주당 대표는 한국당이 청와대 앞에서
댓글조작 사건을 대통령이 얼마나 알고 있는지
밝히라고 요구하자
"탄핵당한 세력이 '감히' 촛불혁명으로
당선된 대통령을 대선불복으로 대할 수 있느냐"며
발끈해 논란이 되고 있다

나는

나는
보기 싫은 사람들 많은 새누리당이
폭삭 망하기를 바랐다
새누리당이 자유한국당·바른미래당으로 다시 태어나
꿈틀거리고 있다
똥통에 빠진지 얼마나 되었다고
다시 꿈틀거리고 나오면
마음 둘 곳이 없다
어디로 가라고

혁신

나는
5천년 역사를 관통하면서
1960년대에 불던 혁신의 바람을
기억하고 있다
지금도
앞으로도
그렇게만 할 수 있다면
그게
극우 보수든
진보 좌파든
박수를 보낼 텐데

운동권 본색

우선 들이받고 보는 게
운동권의 본색이다
이마의 터진 피로 칠갑을 하고
박수를 받는다
얻어맞고
분신하고
투신하고 그때마다
영락없이 투사가 탄생했다
그러나
5·16혁명을 들이받은 건
세종대왕의 훈민정음을 상놈의 글이라 결사반대한
최만리보다 나을 게 없을 것 같다

냉랭한 설 민심

정치권은 5일간의 설 연휴 귀향활동을 통해
냉랭한 지역 유권자들의 목소리를 들었다
손혜원 의원 투기의혹
김경수 경남지사 재판 결과 등의
정치현안을 둘러싸고 충돌하는
정치권을 향해 불만과 비판 일색이었다
서민들은 하루 먹고살기가 고달프다

설날인 2월 5일 도널드 트럼프 미국 대통령이 국
정연설에서 2월 27~28일에 2차 북미정상회담을
베트남에서 열겠다고 해
하필이면 27일 자유한국당 전대일이냐
음모론이 나오기도
6일에는 스티븐 비건 미국 국무부 대북정책특별대표가
오산 미군기지에서 미군 군용기를 타고
서해 직항로를 이용 평양에 들어간 것을
호랑이굴에 들어갔다고 했다

5·18진상규명 공청회

2019년 2월 8일 국회 의원회관에서
'5·18진상규명 대국민공청회'를 열었다
공청회는 자유한국당 김진태·이종명 의원과
지만원 연사가 주축인 5·18역사학회가 공동주최하였다
김진태 의원은 영상 축사에서
"5·18문제만큼은 우파가 결코 물러서선 안 된다
전당대회에 나온 사람들이 5·18문제만 나오면 꼬리를 내린다
힘을 모았으면 좋겠다"고 말했다
이종명 의원은 축사에서
"사실을 근거로 한 게 아니라
정치적 이념적으로 이용하는 세력들에 의해
폭동이 민주화운동으로 변질됐다
5·18폭동이 일어난 지 40년이 되었다
다시 뒤집을 수 있는 때가 된 거 아니냐"
"사실에 기초해서 첨단과학화된 장비로
논리적으로 북한군이 개입한 폭동이란 것을 밝혀내야 한다"고 주장했다
한국당 김순례 원내대변인은
"종북좌파들이 판을 치면서 5·18유공자란
이상한 괴물집단을 만들어내 우리 세금을 축내고 있다"며

"국민의 피땀 어린 혈세를 갖고
그들만의 잔치를 벌이는 5·18 유공자를
색출해야 하지 않겠느냐"고 했다
지만원은
"5·18은 북한군이 주도한 게릴라전"
"전두환은 영웅"
"광주는 북한 앞마당" 등 주장을 쏟아냈다
시민단체 항의로 공청회장 앞엔 고성이 끊이지 않았다
5·18관련단체는
'진실은 거짓을 이긴다'
'광주를 모욕하지 말라' 등이
적힌 플래카드를 들고 시위를 벌이다가
"빨갱이" 소리를 듣고 쫓겨나갔다
5·18민주화운동은 지난 수십 년 동안
보수단체로부터 비판을 받아왔다
그래서 '5·18진상규명특별법'이 탄생했고
진상조사위가 만들어졌다
한국당은 지만원을 5·18진상조사위원으로 추천하려다가
비판이 거세지자 취소한 일이 있다

이긴다는 것

살다보면
악귀 같이 이기는 것이
능사는 아니다
때로는
이기고 큰 것을 잃기도
지고도 많은 것을 얻을 수 있는 게
인간사인데 사람들은 굳이
이기려고만 한다
그래야 할까

솥뚜껑에 콩 볶는 소리

2월 11일 여야 4당은
한국당 5·18망언 3인의 의원직 제명에 착수하는 한편
5·18관련 단체는
"역사해석에 다양한 의견이 있을 수 있다"고 한
나경원 원내총무 사무실에 진입해 아우성을 쳤다
문재인 대통령은
한국당이 추천한 5·18민주화운동진상규명조사위원회 위원
3명 중 2명을 바꾸라고 했다
홍준표 한국당 전 대표는 2·27전대 보이콧을 선언했다
양승태 전 대법원장 박병대·고영한 전 대법관이 재판에 넘겨졌고
3·1절 100주년특별사면에서
한명숙·이석기·한상균 등은 빠진다고 했다

망언과 명언

망언과 명언의 차이는
점 하나 차이기는 하지만
광주의 자존심을 건드려놓은 자유한국당
온전할 수 있을까
기왕에 망한 것
완전히 망해보려고 그러는가

민주화운동

요즘 광주형 일자리란 게 있다
진입장벽이 유별난 자동차공장을 유치해
시민기업을 출범시킨 광주형 시민기업
광주형 민주화란 무엇인가
5·18은 폭력으로 시작했다
망언을 했다는 김진태·이종명·김순례 의원에 대해
퇴출운동을 시작한 5·18관련단체
국회는 5·18진상특별법을 제정해
법이 정한 진상조사위원회가 곧 조사를 하게 되어 있다
좀 기다리며
민주화운동 시민다운 성숙한 모습을 요구하는 게 무리일까?
양반하기 힘들다고 돈 주고 사들인
사모관대를 내동댕이친 일화가 떠올라 하는 말이다

5·18유공자

당초 광주 민주화운동 유공자를 수백 명으로 추산했으나
수천의 신청자가 몰려들어
선정과정에서 진땀을 흘렸다는 말을 흘려들은 바 있다
현재 등록된 유공자수는 4000명이 넘는다고 하는데
명단 공개를 못하고 있으니 억측만 난무한 게 아닌가
더불어민주당 이해찬 대표는
광주에 가지도 않았는데
유공자 명단에 오른 것으로
자신이 발설한 바도 있다

4부.

불가사리가 쇠를 먹는다

말세가 되면

말세엔
불가사리가 쇠를 먹는다고 했다
국어사전에 불가사리는 '쇠를 먹는 상상의 짐승'이라고 했다
나 어릴 적 많이 듣던 이야기다
일제강점기 제2차세계대전
일본사람들이 말하는 대동아전쟁에
강제징용으로 정신대로 끌려가는 젊은이들을 보면서
놋쇠를 공출하고 방공훈련을 하던 어린 시절
세상이 어지러우니 별의별 이야기가
다 나왔던 것 같다
전기가 없었으니
캄캄한 마당가 관솔불 밑에서
어른들의 이야기를 들으며
무서워 떨던 기억이 생생하게 떠오른다
이 광명한 세상에
살면서

망언 3인방 퇴출

더불어민주당이
5·18민주화운동진상규명특별법의
'북한군개입설' 조항을 삭제하는 개정작업에 나섰다고 한다
허위사실인 '5·18북한군개입설'이 특별법진상규명 범위에 포함되면서
망언의 근거가 됐다는 것이다
빌미를 주었다는 반성으로 들린다

이와는 별도로 5·18민주화운동을
모독한 자유한국당
김진태·김종명·김순례 의원 국회퇴출 운동이
광주를 넘어 전국으로 확산되고 있다
법개정은 무엇하려고 하는고?

바쁘다 민주당

더불어민주당이 바쁘다
민주당 소속 기초단체장 152명이
사법부에 김경수 경남도지사의 불구속
재판을 공식 요청한 가운데
실업자 '최대'
실업률 '최고'
취업자 증가 '최저'
'일자리 정부'를 표방한
문재인 정부가 올해 처음 받아든 고용성적표다
'고용참사' 수준으로 악화된 일자리
기상도가 더 흐려졌다는 분석이다
2월 13일 통계청이 발표한
'1월고용 동향'에 따르면 실업자는
122만4,000명을 기록했다
2000년 1월 실업자 123만2,000명을 기록한 이후
19년 만에 최악이라고 한다
구직 단념은 역대 최대 60만 명이라고 했다

한국당 더 망가져야 한다

5·16혁명과 5·18민주화운동은 이틀 차이지만
햇수로는 20년차
역할을 따지자면 비교가 되지 못한다
5·16혁명과 5·18민주화운동은
황금벌판과 원두막 같은 관계다
농민이 땀 흘려 가꾼 황금벌판
새 쫓는 원두막
원두막을 지키기 위해 그들은
몸을 던질 줄 안다
황금벌판에 뿌리를 둔 자유한국당은 어떤가
배때기 불러 밥투정을 하다가 회초리를 맞을지언정
그걸 못하고 있다
2019년 2월 27일 치러지는 자유한국당
전대 경선구도가 황교안·오세훈·김진태 등 3파전으로
확정됐다
오세훈 후보 스스로도 '추격자'라고 말할 정도로
황교안 후보의 상승세다
오세훈 후보는 "황교안 후보가 대표가 되면
속이 후련하겠지만 총선 필패"라고
내부 총질을 하고 있다

평창춘몽

삼수 끝에 치른
2018평창동계올림픽이 개막 1주년을 맞았다
북한의 참여로 국제적 관심 속에 열린 동계올림픽
619억원의 흑자를 기록
수익 면에서 성공을 거둔 행사로 평가 받았고
향후 10년간 65조원에 달할 것이라는 장밋빛 전망이 쏟아져
큰 도약이 점쳐졌던 강원도 경제는
급속하게 위축되고 있다
기업유치·소비심리·부동산 시장도 쪼그라들고
관광객 유치에도 실패해 인적도 뚝 끊겼다
경기장이 방치되면서
유지관리비용만 축내는 애물단지가 됐다
올림픽 유치에 적극 참여했던
이명박 전 대통령
이건희 삼성회장
조양호 대한항공회장
김진선 전 강원도지사 등의 근황도
안타깝기는 마찬가지라…

산업화와 민주화

대한민국 이념의 갈림길은
산업화와 민주화의 우선순위 문제였다
보수는 산업화를 우선순위라 했고
진보는 민주화를 주장
결국 우리사회는 양분되었다
승패는 났지만
아직 승복을 안 하고 있을 뿐이다

색깔론과 지역주의

문재인 대통령은
“5·18민주화운동을 왜곡하고 폄훼하는 것은
우리 민주화 역사와 헌법정신을 부정하는 것”이라며
“결국 민주주의를 훼손하고 나라의
근간을 무너뜨리는 일”이라고 밝혔다
이에 대해 자유한국당
김병준 비대위원장은
“대통령까지 5·18문제를 정략적으로
이용하는 데 참으로 개탄스럽다”
“광주시민의 자발적인 민주화운동으로
5·18의 성격은 결코 달라질 수 없다는 게
우리 당의 확고한 입장인데
이런 점을 잘 알면서도 교묘히 야당을 공격한
문 대통령의 언사는 결코 대통령답지 않다”고 반박하면서
“문 대통령이 자유민주주의를 말하면서
자신의 최측근이 주도한 드루킹 댓글
조작과 여당의 판결 불복에 대해선
왜 한마디 사과가 없느냐”고 따졌다

불가사리 쇠먹는 소리

자유한국당 황교안·오세훈·김진태
당 대표후보들이 2월 18일 보수진영의
근거지 대구를 찾았다
김진태 후보 지지자들이 3분의2 정도를 차지했다
'한국당은 광주의 망령 범죄집단 하수인인가'
'자위권 차원에서 5·18발포는 정당했다' 등 현수막을 걸고
우파단체 '태사단'은 연설회장 밖에 대형태극기를 깔았다
김병준 비대위원장이 연단에 서자
"나가라" "빨갱이" "탄핵부역자" 등 고성과 욕설이 쏟아져
김 위원장은 "조용 하세요!" 버럭 화를 냈다
첫 연설자로 연단에 오른 김진태를 향해선
'김진태!'를 연호했다
TK는 박근혜 대통령 탄핵에 앞장선
저승사자 같은 유승민의 고향으로
'망해가는 별 쏘기만 한다'고 했다

메뚜기떼의 공습

이집트 사우디아라비아 등 홍해 주변 국가들이
수십만 마리의 메뚜기떼 공습으로 신음하고 있다
아프리카에서 번식을 시작한 메뚜기떼가
먹이를 찾아 홍해 연안을 따라 빠르게 북상하며
들판의 곡식을 닥치는 대로 먹어치우고 있다
더불어민주당이 2월 19일 국회에서
김경수 경남지사에게 실형을 선고한
판결문 분석결과를 발표하고 재판부를 비판했다
여당의 사법부 공격행태는
마치 메뚜기떼가 홍해 연안을 덮은 것처럼
율사출신 의원들이 주축이 된 민주당
'사법농단세력 및 적폐청산대책 특위'는
"드루킹의 신빙성 없는 진술에만 의존했다"
"직접 증거가 없다"며
공포분위기를 조성하고 있다

5·18민주화운동 규정은 YS

이낙연 국무총리는
"5·18광주민주화운동으로 규정한 건
YS(김영삼) 정부시절 국회의 합의였다
국회 일각에서 그것을 부정하는 것은 자기부정이 된다"고
2월 18일 밝혔다
1997년 4월 대법원은
전두환 대통령이 5·18당시 발포명령을 용인한 점을 포함해
내란목적 살인죄 등 혐의에 대해 유죄판결을 내렸고
97년 5·18민주화운동은 법정기념일로 제정했다
97년 대통령이 된 DJ(김대중)는
부산에 평화공원을 조성해 기념식을 거행했다
동서 화합의 뜻으로 식단 동쪽으로 YS가 등단
서쪽으로 DJ가 등단 합석토록 했다
그러나 심사가 뒤틀린 YS는 기념사에서
욕설에 가까운 연설문을 읽었다는 일화가 있다
연설문 한 장이 바람에 날려간 줄도 모르고…
나는 광주를 위해서 큰 걸 선물했는데
고작 이것이냐는 투였다

동서화해

‘기브 엔 테이크’란 말이
한동안 유행했었다
영어로는 ‘Give & Take’
즉 ‘주고 받는다’는 뜻이다
부산 평화공원 준공식에서 동서화해 시도는 실패했다
10여년 후 DJ가 위독했다
삼복더위에 그가 입원한 세브란스병원
중환자실을 찾아간 YS는
끝내 만나지 못하고 병실문 앞에서
“혼자 화해했다”라고 말하면서
돌아서야 했다

문 대통령의 분노

문재인 대통령이
5·18민주화광주지역 원로들을 청와대로 초청해
오찬간담회를 하면서
자유한국당 김진태·이종명·김순례 의원 '5·18망언'과 관련해
"5·18민주화운동이라는 위대한 역사를
왜곡 폄훼하는 일부 망언이 계속된데
대해 저도 또한 분노를 느낀다"고 했다

한국당이 추천한
권태오·이동욱 5·18진상조사위원 임명을 거부한데 이어
이날도 강도 높은 비판을 쏟아냈다
문 대통령은 2018년 1월
"이명박 전 대통령이 노무현 대통령의 죽음을 직접 거론하며
정치보복 운운한데 대해 분노의 마음 금할 수 없다"고 한 이래
두 번째로 '분노'라는 표현을 썼다

소득성장 최악역주행

문재인 정부 핵심 경제정책인 '소득주도성장'이
'분배쇼크'에 카운터 펀치를 맞았다는 기사를 보았다
빈부격차 정도를 보여주는 지표인 '5분위 비율'이
15년 만에 가장 높은 수준을 기록했다
저소득층일수록 소득이 큰 폭으로 감소한 반면
고소득층 소득은 크게 늘면서 분배격차가 더 벌어졌다
취약계층 소득을 끌어올려 양극화를 해소하겠다는
정부의 '소득주도성장 정책' 의도와 역행하는 통계다
송원근 한국경제연구원 부원장은
"급격한 최저임금 인상과 근로시간 단축에 따라
인건비 부담이 커진 기업이 채용을 줄였고
저소득층이 직격탄을 맞았다"고 설명했다

한·인도정상 롯데타워 만찬

문재인 대통령은 2월 21일
국빈 방문한 나렌드라 모디 인도 총리와
잠실 롯데타워에서 친교 만찬을 했다
두 정상은 연세대학교에서 열린
마하트마 간디 흉상제막식에 참석해
양국 간 유대강화를 위한 일정을 소화했다
올해 간디 탄생 150주년이자
3·1운동·대한민국임시정부수립 100주년을 맞아
양국이 공유하는 식민지배 경험과 독립운동역사
간디와 3·1운동으로 대변되는 평화·비폭력 정신을 바탕으로
평화·번영을 위해 함께 노력하기로 했다

김정은 열차행군

김정은 북한 국무위원장이
중국을 종단하는 '열차장정'으로
도널드 트럼프 미 대통령과의 핵 담판장으로 향했다
22량의 '1호열차'는 2월 24일 텐진을 거쳐
허베이성 스자좡을 지나갔다
김 위원장은 평양에서 베트남까지
5시간 남짓의 비행기 대신
60시간이 걸리는 열차를 고집했다

5·18유공자 5801명

5·18민주화운동 유공자의 보훈수혜를 둘러싼
논란이 계속되고 있다
태극기부대를 비롯 보수진영 일각에선
5·18유공자들이 독립유공자나 6·25유공자보다
높은 수준의 대우를 받는다고 주장한다
보훈처에 따르면 5·18민주화운동과 관련
1990~2016년까지 9,227명이 보상금을 신청해
이 중 5,801명에 2,508억원이 지급된 것으로 나타났다
1인당 평균 4,300만원이다
보상금은 일시불이고 유공자연금이 없다

베트남에 간 김정은

김정은 국무위원장은 2월 26일
오전 8시께 베트남과 중국의 접경지역에 있는
베트남 북부 랑선성 동당역에 도착했다
23일 평양역을 출발한지 65시간 만이다
1964년 김일성 주석 이후 55년 만인
북한 최고지도자의 베트남 방문 장면은
외신기자들의 현장 취재로 실시간으로 타전됐다
'베트남 환영인파에 손 흔든 김정은
정상국가 이미지 어필'이라는 타이틀로
김 위원장 일행은
베트남군 장갑차(한국산)의 경호를 받으며
철저히 통제된 도로를 약 2시간30분 달려
오전 11시께 하노이 시내의 숙소인
멜리아호텔에 도착해 22층 스위트룸에 투숙했다

트럼프 하노이 도착

도널드 트럼프 미국 대통령은
2차 북·미정상회담을 위해 2월 26일
저녁에 베트남 하노이에 도착했다
워싱턴 앤드루스 공군기지에서
전용기 에어포스원으로 대서양을 횡단
영국 런던 북동쪽 밀튼공군기지에 이어
아라비아반도 카타르 도하 남서쪽
알우다이 공군기지에 들러 재급유를 받고
휴식을 취한 뒤 하노이 노이바이 국제공항에 도착했다
워싱턴에서 지구 반대편에 있는 하노이로 이동하는데
20시간 30분이 소요됐다
전용기 트랩을 내려온 뒤 영접 나온
베트남정부 고위 인사와 인사를 나누고
전용차로 곧장 숙소인 하노이 시내
JW메리어트호텔로 이동했다
'등록된 외신기자만 2,600여명 하노이에
전 세계 이목 집중'의 타일틀로
취재열기가 후끈했다

북한 내부결속 다지기

김정은 위원장이 2차 북미정상회담이 열리는
베트남 하노이에 도착한 26일
북한 노동당 기관지 노동신문은
“최고의 정치적 안정이 유지되는 국가”
등의 표현을 쓰며 내부 결속을 다졌다
김 위원장이 집권 후 최장기 해외일정을
소화하게 되면서 자칫 흐트러질 수 있는
분위기를 다잡기 위한 것으로 보인다
“세상에는 우리 공화국처럼 령도자와 인민이
운명공동체를 이룬 나라 그 어떤 환경 속에서도
최고의 정치적 안정이 유지되는 국가는 없다”
“모든 일꾼들은 최고 령도자 동지에 대한
절대적인 신뢰심을 간직하고
언제 어디서나 최고 령도자 동지의
사상과 의도대로 살며 투쟁해야 한다”고 했다

한국당 검찰총장실 농성

자유한국당 의원 60여명이 2월 26일
대검찰청 검찰총장실에서
4시간 30분 동안 농성을 벌였다
문무일 검찰총장에게
'환경부 블랙리스트' 신속 수사를 촉구
항의 방문한 것이다
한국당은 "대검측에 통보한 뒤 이뤄진 공식방문"이라고 했지만
문 총장은 자리를 비고 없었다
여당인 더불어민주당은 '헌정사상 초유'
'법치주의에 대한 정면 도전'이라고 비판했다
마치 장군멍군의 장기판을 보는 것 같다

자유한국당 대표 황교안

어차피 대표는 황교안이라며 시작한
'어대황'은 2월 27일 현실이 됐다
박근혜정부의 국무총리이자
대통령권한대행이던 황교안(62)후보가
자유한국당의 새로운 간판으로 선택
경기 고양 일산 킨텍스에서 열린
전당대회에서 50%의 득표율로 당선됐다
수락연설에서 황교안 대표는
"단상을 내려가는 순간부터
문재인 정부의 폭정에 맞서서
국민과 나라를 지키는 치열한 전투를 시작할 것"이라고 밝혔다
투표 연설에선
"이 정권의 신적폐 더 이상 놓아둘 수 없다"며
"신적폐저지특별위원회를 만들어서
이 정권 국정농단 뿌리를 뽑겠다"고 했다
최고위원 선거에서는
조경태·정미경·김순례·김광림·신보라 등
5명의후보가 당선됐다

5부.

불후의 5·16혁명

친교만찬

도널드 트럼프 미국 대통령과
김정은 북한 국무위원장이
2019년 2월 27일 베트남 하노이에서 만났다
2018년 6월 12일 싱가포르에서 열린
1차 북미정상회담 이후 261일 만이다
두 정상은 오후 6시30분부터
소피텔레전드메트로호텔에서 30분간의
단독회담에 이어 친교만찬을 가졌다
양국 정상은 통역만을 대동한
일대일 단독회담을 30분간 가진 자리에서
"더 큰 진전 있을 것"
"훌륭한 결과 확신"이라 화답했고
바로 이어진 만찬은
배석자 2명을 포함 '3+3' 형식으로
약 1시간 50분간 진행되었다

베트남식 발전모델

도널드 트럼프 미국 대통령은
2019년 2월 27일 회담 전 트위터로
베트남의 경제번영에 대해 언급했다
“북한이 비핵화를 한다면
빠른 경제성장을 이뤄 베트남처럼 될 수 있고
북한의 잠재력은 경탄스러울 정도이며
내 친구 김정은에게 이는
큰 기회가 될 것”이라고 했다

2차 북미정상회담 결렬

소문난 잔치에 먹을 것이 없다
결국 하노이 담판은 결렬로 끝났다
완전한 제제 완화를 요구하는 북한
완전한 비핵화를 요구하는 미국
접점의 여지가 없었다
미국은 제재를 풀지 않았고
북한은 비핵화 추가조치를 거부했다
이제까지 북미간 비핵화 협상의 동력이었던
트럼프-김정은 두 정상 간 톱다운 방식은
한순간에 '최대 리스크'로 변했다
종전선언-김 위원장 서울답방-금강산관광-개성공단 재개 등을 기대하던
한국정부는 닭 쫓던 개 지붕 쳐다보기가 됐고

회담 결렬배경

정상회담을 앞둔 2월 21일
트럼프 대통령은 "이번이 행여 마지막
회담일 것이라고 생각지 않는다"고 했다
28일 단독 정상회담 모두발언에서는
"속도는 그리 중요하지 않다"
"서두르지 않을 것"이라고 말하면서
"옳바른 합의를 이끌어내는 것이 더 중요하다"고 강조해
이미 회담 결렬을 염두에 두고 있었다는 분석이 나왔다
미국 국내의 정치상황도 영향을 미친 것으로 관측하고 있다
북미정상회담이 진행되는 동안 미국에선
그의 개인 변호사이자 해결사 역할을 했던
마이클 코언이 의회 청문회에 출석
트럼프 대통령을
"인종차별주의자이며 사기꾼 협잡꾼"이라고 비난하면서
그에게 불리한 내용을 폭로해
CNN 등 미국의 주류 언론은 하노이회담보다
청문회에 더 귀를 기울이고 있었다

꺽다리의 공중부양

트럼프 미국대통령
꺽다리의 공중부양을 보는 것 같다
무엇이 그를 화나게 했을까
북미정상회담
김정은-트럼프 회담
DPRK-USA 하노이회담
김정은의 팔자(八字)걸음
마이클 코언의 증언
영변 플러스 알파
어느 것이 더 크게 작용했을까

황교안 대표의 첫행보

자유한국당 황교안 대표가
2월 28일 취임 첫 일성으로
'당내 통합'과 '대여투쟁'을 외쳤다
첫 인선으로는 친박근혜계 중진
한선교 의원(60·4선)을 사무총장에 내정하고
첫 일정으로 동작구 국립현충원을 찾아
이승만·박정희·김영삼·김대중 전 대통령 묘역을 방문해 헌화했다
황 대표는 이날
문희상 국회의장
더불어민주당 이해찬 대표
바른미래당 손학규 대표도 예방했다

3·1운동 100주년 기념

2019년 3월 1일은
3·1운동 100주년이 되는 날이다
어제 베트남 하노이에서 열린
2차 북미정상회담이 결렬되고
광화문 광장에서 성대한 기념식이 열려
문재인 대통령이 연설했다
우리나라는 4·19혁명과 부마항쟁
5·18민주화운동을 거치면서
경제발전과 민주화를 이룩했다고 했다

좀 솔직해지자
입은 삐뚤어졌어도 말은 바로 하라는 말이 있다
5·16혁명을 빼고 한국 발전을 이야기할 수 있는가
삼척동자도 알고 있는 것을
통합(統合)은 실천이다
덕담으로만 그치지 말고
행동으로 옮겨야 한다

김정은 빈손 쇼크

트럼프 미국 대통령과의
하노이회담을 빈손으로 마무리한
김정은 국무위원장 당당함은 사라졌다
굳은 얼굴로 먼 산 바라보던 그가
베트남 공식 친선방문 일정을 굳은 얼굴로 시작했다
3월 1일 주석궁에서 응우옌 쫑 베트남
공산당 서기장 겸 국가주석과의 회담을 위해
숙소를 나선 것은 정상회담 결렬 후
숙소에 들어간지 27시간 만이다
주석궁의 환영을 받는 동안에도 얼굴은
어두운 편이었다
주석궁 입구에는 50명 남짓한 취재진과
ENG 카메라는 5대 정도
500명이 넘는 취재진을 몰고 다니던
그는 2일까지 공식방문 일정을 마치고
4시간 앞당겨 서둘러 기차로 귀국했다

하노이 참사

트럼프·김정은의 하노이회담은
'외교참사'로 불린다
준비 부족·미국 국내정치가
결렬의 원인이라지만 그 유탄을 맞은 건
문재인 대통령의 '신한반도체제'다
트럼프에 의하면 김정은은
미국이 영변 이외 핵시설을 상세히 알고 있는
사실에 놀랐다고 했다
중재에 나서는 문 대통령은
북한과 '영변 이외'를
논의 대상에 넣어야 하는 부담을 떠안게 되었다

베트남의 도이모이

베트남은 1986년 개혁·개방정책인
도이모이(doimoi)를 천명한 뒤
1994년 미국과 수교하기까지 8년이 걸렸다
끔찍한 전쟁을 치르며 적이 되었던 미국과
다시 친구가 되기까지
베트남의 여정은 매우 길었다
베트남은 미국·소련·중국 등 강대국 사이에 끼어
전쟁의 참화를 겪었으며
이런 지정학적 비극이
이젠 축복으로 바뀌고 있는 곳이 베트남이다
김정은 국무위원장의 베트남 방문도
이런 측면에서 적잖은 시사점을 던져주고 있었다
우리나라도 베트남전에 참전했다
축구감독 박항서 신드롬은
성공적인 현지화의 모델이다
겸손하고 최선을 다하는 모습으로
현지인과 하나가 될 때
지속 가능한 관계를 맺을 수 있다는
사례를 남겼다

독재(獨裁)

한반도엔 두 종류의 독재가 있었다
박정희의 선의독재
김일성의 공산독재
선의의 독재가 최선의 통치라 했다
선의의 독재치하에서 여유로운
삶을 살면서 독재정권·독제자라
매도하며
민주화! 민주화!
민주화를 외치며 주먹질하고
은혜를 원수로 갚으려던 괴물국민이
이제 허물을 벗어야 한다

북한이 놀란 것은 분강

미국이 지목했던 영변 핵시설 외의
'그 이상'은 분강 지구의 지하 고농축
우라늄(HEU) 시설이다
분강 지구는 영변 핵시설에 인접해 있다
트럼프 대통령은 당시 기자회견에서
"우리는 그 이상을 해야만 했다"며
"여러분이 말하거나 쓰지 않은 것 중에
우리가 발견한 게 있다"고 공개했다
트럼프 대통령은
"그들이 우리가 이걸 알고 있어
놀라는 것 같았다"고도 했다
한미정보당국은 분강 지구 시설에는
1만개 이상의 원심분리기가
가동 중인 것으로 보고 있다

볼턴의 빅딜문서

북미정상회담이 결렬된 데에는
존 볼턴 백악관 국가안보보좌관이
준비한 비핵화 빅딜 문서가 있었다
볼턴 보좌관은 3월 3일
"트럼프가 김정은에게
핵·미사일·생화학무기까지 포함한
비핵화 빅딜을 제안하는
한글·영어 문서 2개를 건넸다"고 공개했다
생화학무기를 포함 완전한 비핵화는
볼턴이 개발한 방안으로
이 같은 빅딜 제안은 사전 논의가 없었던 만큼
타결 가능성이 낮았다
트럼프 대통령은
2월 28일 하노이에서 열린
북미 정상회담이 결렬된 후 기자회견에서
"우리는 북한에 대해 잘 안다
구석구석까지 안다" 그러면서
"그들을 놀라게 했다"고까지 했다

꺼벙이 청와대

꺽다리와 난쟁이 사이에 낀 꺼벙이
청와대 핵심관계자는 3월 4일
'노딜(No Dea)'로 끝난 하노이회담에
"참모진 중 아무도 합의서 없이
회담이 끝날 거라 생각한 사람이 없었다"고 했다
문재인 대통령은 2월 25일 수석보좌관 회의에서
회담 성공을 전제로 평화와 경제협력에 방점을 둔
'신한반도체제' 구상을 발표하고
안보실 1·2차장을 동시에 교체
2차장에 김현종 통상교섭본부장을 임명하고
회담성공 이후 경협을 본격화할 뜻을 구체화하였다
김의겸 대변인은
북미회담 결렬 소식이 들려오기 30분 전까지 브리핑에서
"문재인 대통령이 청와대 실장들과
서명식을 시청한 뒤 입장을 내겠다"고 밝혔고
그가 기자실을 떠난 지 10분 만에
백악관은 협상결렬 사실을 발표했다

프랑스혁명

프랑스왕 루이 16세는
미국 독립전쟁을 원조하다가
재정위기를 초래하는 등 파산지경에 이르러
1789년 1월 과세의 승인을 요구하려고
3부회의를 소집했다
회의는 제3신분 중심의 국민회의로 발전하고 있었다
프랑스 사회는
제1신분 성직자
제2신분 귀족
제3신분 평민으로 구성되어 있다
예측하지 못한 루이 16세는
이를 탄압하려 하였다
그러자 7월 14일 파리시민들이 바스티유를 습격하면서
프랑스혁명이 시작되었다
1793년 1월 20일 루이 16세는 단두대에 올라
"나는 죄 없다 그러나 나는 적을 용서한다
나의 피가 프랑스인에게 행복을 주고
또 신의 노여움을 풀어드리기를 바란다" 외치고
머리가 잘려 군중 앞에 높이 솟았다

공포정치

영국은 프랑스의 혁명이 지나치면
영국사회에 불안을 초래할 것을 우려
프랑스에 전쟁을 선포하였다
혁명지도자들은 국내의 동요를 막으려고
혁명재판소·공안위원회를 설치하고
로베스피에르는
1793년 7월 17일 봉건특권을 폐지하고
농민을 혁명대열에 참여시키면서
자코뱅 헌법을 제정했다
그의 이상(理想)은 인간이 자기능력에 따라
독립적인 주권을 행사하고 지나친 빈부의 차이가 없이
평등하게 생활하는 '덕의 공화국'을 건설하는 것이었다
그는 '타락할 수 없는 사람'이란 칭송을 받기까지 했으나
통치기간 40일 동안에 1,000여명의
목이 단두대에서 잘렸다
불안을 느낀 많은 사람들은 그를 멀리하기 시작해
결국 로베스피에르는 의회의 탄핵으로
독재자라는 죄로
단두대의 이슬로 사라졌다

나폴레옹 황제

로베스피에르를 실각시킨 세력은
혁명재판소·공안위원회의 권한을 축소
공포정치의 기구를 해체하였다
경제에 관한 국가의 간섭을 중단하고
부유한 계층을 중심으로
500회·양원제·5명의 총재가 국정을 다스리는
총재정부를 수립했다
그러나 민생문제와 왕당파의 저항
새로 나타난 평등파의 음모가
총재정부를 괴롭혔다
힘을 바탕으로 전면에 나선 군부세력은
나폴레옹을 핵으로 총재정부를 무시했고
국민들은 10여 년 간의 혼란 속에
질서와 안정이라는 것은
오직 강력한 권력이 있어야 존재한다는
사실을 깨닫게 되었고
군부독재를 호의적으로 바라볼 수밖에 없었다
결국 1799년 11월
나폴레옹에 의해 총재종부가 무너지고
나폴레옹 독재의 시대가 개막되었다

황제의 최후

세인트헬레나 섬에 유배된 나폴레옹의 건강은
1819년경부터 나빠져
1821년 5월 5일 52세로 사망했다
영국정부는 사망원인을 위암이라 발표했지만
프랑스에서는 행동반경을 제한 당했던
영웅의 울분과 운동부족, 열악한 환경 등
영국인의 학대가 죽음의 원인이라 했다
비소(砒素)에 의한 독살이라고도 한다
나폴레옹의 유해는 그의 소원대로
1840년에 센강 근처에 옮겨졌다가
다시 폐병원(廢兵院)으로 옮겨졌다
후일 많은 시인과 작가들이
'위대한 나폴레옹'을 다루었다
과연 그럴 만한가?
답은 사람에 따라 달라지겠지만 독재자
나폴레옹 황제는 프랑스의 영웅이다
프랑스인들은 '과오가 없는 위인은 없다'
이 한마디로 그의 과오를 덮어버렸기 때문이다

5·16혁명

5·16혁명은 피를 흘리지 않았다
4·19 후의 무질서가 수습되었다
절대빈곤에서 벗어나 경제발전과 민주화를 이루었다
30-50클럽에도 가입했다
그런데 웬 투정이 그리 심한가
언제까지 그럴 텐가
다른 나라의 역사도 봐야한다
5·16혁명의 완성도는 독보적이다
세계 어느 혁명도 따라잡을 수 없을 만큼
훌륭하다는 사실을 알게 될 것이다
지난 30여 년 간 세계사와 주요 선진국
그리고 우리 역사를 공부하면서 느낀 것은
우리는 정말로 행복하고 자랑스러운
국민이라는 것을 알게 되었다

국민소득 3만달러 시대

한국은행은 3월 5일
2018년 1인당 국민소득 31,349달러로
전년 29,745달러보다 5.4% 늘었다고 발표했다
이제 한국은 1인당 국민소득 3만 달러 이상이면서
인구 5천만 명 이상인 '30-50클럽'에
세계에서 7번째로 이름을 올렸다
한국에 앞서 30-50클럽에 가입한 나라는
미국·프랑스·영국·독일·일본·이탈리아 등
6개국뿐이다
세계은행에 따르면 2017년 기준 1인당
국민소득 3만 달러를 넘는 나라는 28개국이다
일반적으로 1인당 3만 달러는
선진국 진입의 기준으로 여겨진다
3만 달러 28개국 가운데 21개국은
인구가 5천만 명이 안 되는 나라다

북한 엘리트들의 고민

북한을 움직이는 엘리트에겐
체제유지가 경제보다 중요하다고 본다
엘리트 계층 전부가 '체제붕괴의 악몽'
시나리오를 우려하고 있다
북한체제가 무너지면 동독처럼
흡수통일 될 가능성이 매우 높기 때문이다
엘리트층은 나라의 발전을 원하지만
자신들의 생존조건으로 여기는
'체제유지'가 더욱 중요하다고 생각해
그들에게 핵 보유는 체제유지의 유일한 보증이다
북한이 핵을 포기하면
해외에서 투자와 지원을 많이 받아
고도경제성장을 달성 민심을 잡고
권력기반을 강화할 수 있을 것이라
주장하지만 사실이 아닐 수 있다
북한은 1960~1970년대 한국처럼
'기적과 같은 경제성장'을 향후 30년간 이룬다 해도
한국을 따라잡기가 어렵다
잘사는 한국의 매력
선진 생활에 대한 소문 등
북한 권력의 기반에
중대한 위협이 될 게 분명하다

리비아의 카다피의 경험에서 알 수 있듯이
핵을 포기한 북한 권력자들이
인민봉기나 쿠데타를 무력으로 진압하기 시작한다면
국제사회는 '민중 학살' 등의 이유로
개입하려 들 것이다
그 때문에 핵을 포기한
북한의 경제잠력이 크다는 주장은 맞을 수도 있지만
북한을 움직이는 엘리트들은 이 주장에
귀를 기울이지 않을 것이다
생존(生存)은 성공(成功)보다 중요하다
사자(死者)에게 큰돈이 무슨 의미가 있나
북한 엘리트의 이러한 사고방식을 감안해야
타협을 이룰 수 있을 것이라고
북한 엘리트들의 고민도 깊어지고 있을 것이다

역사에는 가정이 없다

만약에 박정희 대통령이
운동권이 주장하는 대로
'민주화'를 먼저 시도했다면
우리는 지금 어떻게 되었을까
'민주화'도 되고
'산업화'도 되었을까
30-50클럽에도 가입했을까
나에게는 이런 의문이 떠나지 않았다
'박정희가 아니었더라도'
우리는 발전할 수 있었다고
단서를 다는 사람들이
내 머리를 흔들고 있었기 때문이다
역사에는 가정(假定)이 없다고
하는데도 말이다

미세먼지 대란

여권이 위기에 빠졌다는 말이 나온다
남말하기 좋아하는 사람들
떼거지로 억지쓰는 사람들
남의 것은 적폐로 몰아가는 사람들
이들에게 미세먼지 대란으로 정부 국정운영에
대한 비판이 커지고 있다
그동안
한반도 평화정책에 대한 압도적 지지를 바탕으로
내치의 동력을 끌어 올린 문재인 정부가
2차 북미정상회담 결렬로 국정활력이 흔들리고 있다
문 대통령은 대선후보 때인 2017년
"미세먼지 잡겠다"
"푸른 대한민국 만들겠다"고 장담했었다

이 도서의 국립중앙도서관 출판예정도서목록(CIP)은 서지정보유통지원시스템 홈페이지(http://seoji.nl.go.kr)와 국가자료종합목록 구축시스템(http://kolis-net.nl.go.kr)에서 이용하실 수 있습니다. (CIP제어번호 : CIP2019024522)

김제방 시집

5 · 16혁명

초판인쇄일 2019년 6월 25일
초판발행일 2019년 7월 1일

지은이 : 김제방
발행인 : 김순진
편집장 : 전하라
디자인 : 김초롱
펴낸곳 : 문학공원
등 록 : 2004년 3월 9일 제6-706호
주 소 : 우편번호 03382 서울 은평구 통일로 633
녹번오피스텔 501호 스토리문학사
전 화 : 02-2234-1666
팩 스 : 02-2236-1666
홈페이지 : http://cafe.daum.net/yob51
이메일 : 4615562@hanmail.net

※ 책값은 뒤표지에 있습니다.
※ 저자와의 협의에 의해, 인지는 생략합니다.